창작동네 시인선 131

꽃바람

김인녀 제4집

노트북

창작동네 시인선 131

꽃바람

인　쇄 : 초판인쇄 2021년 07월 25일
지은이 : 김인녀
펴낸이 : 윤기영
편집장 : 정설연
펴낸곳 : 노트북 출판사
등　록 : 제 305-2012-000048호
본　사 : 서울시 동대문구 사가정로 256-4호 나동B101
전　화 : 070-8887-8233 팩시밀리 02-844-5756
　HP　: 010-8263-8233
이메일 : hdpoem55@hanmail.net

2021.07_꽃바람_김인녀 제4집

정　가 : 10,000원

ISBN : 979-11-88856-32-9-03810

*저자와의 협의로 인지는 생략합니다.
*잘못된 책은 교환해 드립니다.

꽃바람

김인녀 제4집

목 차

1부 꽃바람

008...꽃비
009...봄 폭죽
010...크리스마스 트리
012...꽃바람
014...웃으면
015...우리는 하나
016...나는 혼자가 아니다
017...마중물
018...행복에 겨운 사랑아
019...끝없는 그리움
020...호감
021...어머니의 강
022...한강은 영원하리라
023...바람의 길
024...강물처럼
025...빗방울
026...산 정상에 오르면
027...폭우 같은 연민의 꽃
028...초승달
029...사랑뿐이다
030...달빛 세레나데
031...한강에 산다
032...아가의 눈동자
033...인생은 흘러가리라
034...구름처럼
035...광교호수공원 시화전

2부 잃어버린 시간

038...잃어버린 시간
039...개울가에서
040...고향의 언덕
042...개나리꽃
043...그대 사랑
044...꽃잎 사랑
045...목련꽃
046...이팝나무꽃
047...조팝꽃
048...봄의 대지
049...봄의 유혹
050...벚꽃은
051...봄이 왔어요
052...봄꽃만 꽃인가요
053...호반의 연가
054...할미꽃 회상
055...꽃물
056...봄은 빗 사이로
057...천상의 잔치
058...봄이 기지개를 켠다
059...별
060...봄비 오는 날
061...봄 햇살

3부 두레박

064...두레박
065...5월에 부쳐
066...5월의 장미
067...갯바위
068...그때 그 시절
069...낮달
070...산은 나의 스승
071...못다한 사랑
072...내 마음
073...눈 사랑
074...능소화 연정
075...손은 말한다
076...달무리
077...달빛 연인
078...사랑하는 아들딸아
079...매몰된 인정
080...질항아리
081...싸구려 구두
082...비 오는 날의 상념
083...느티나무 연정
084...큰비의 상처
085...시간은 흐른다
086...실개천도 바다에 이른다
087...사랑했다 말해요
088...폭풍의 파도
089...자신을 알라

4부 희망의 별

092...희망의 별
093...밤의 전설
094...물레방아
095...가을은
096...가을 햇살의 찬가
097...무상
098...대나무 숲
099...가을의 속삭임
100...가을 사랑
101...가을꽃
102...달빛 그대여
103...겨울 5일 장터
104...겨울 아침
105...겨울 한기
106...겨울의 울림
107...부모는 정원사
108...대나무
109...주전자의 추억
110...시평론_문학박사 김영미
다양한 대상을 향한 사랑의 변주

1부. 꽃바람

꽃비

찬란하던 꿈이 홍수처럼
사랑의 노래되어
내 마음 벽을 핥고

떠나는 님의 뒷모습
벌써 떠나야 하는
기약 없는 이별에 애가 탄다

짧은 만개의 기쁨
드센 바람 긴 아픔
찬비에 시린 가슴 부여안고

가늠할 수 없는 긴긴밤을
두려움에 떨며
차가운 눈물을 삼킨다

속절없이 가버린 그대
애달픈 메아리만
빈 하늘에 가득 추억이 애달프다

봄 폭죽

저무는 해 기울면
새해를 축하하는 불꽃이
하늘에 붉게 탄다

노고지리 보리밭 위 솟고
봄 입김 무르익을 무렵에
연초록 벨벳 새순은 힘찬 숨결을 뿜는다

잔솔 우거진 산언덕에
연분홍 매화꽃이 향기를 뱉어내고
봄 신명은 불꽃처럼 하늘 가득 채운다

김인녀

크리스마스 트리

날 위해 당신이 만들어준
오랫동안 잊고 있었던
추억의 크리스마스 트리
거실 한켠에 수줍게 서서
빨강 노랑 색색 등 켜고
곱게 곁눈질하며 웃는다
메리 크리스마스 낯익은 목소리로
송가를 부르며 다가온다
중간에 색색의 드럼들 장단 맞추고
트럼펫 색소폰 금빛 종소리도 화음을 넣고
가지마다 내려앉은 목화솜 흰 눈이
다소곳이 수줍은 듯 미소 짓고
은빛 금빛 찬란한 천사의 노랫소리
하늘에서 축복의 인사말이 쏟아져 내린다
당신이 보낸 크리스마스 파티
가슴이 벅차고 내 눈물 보석처럼
백색 전구 반짝반짝 찬미 노래는 끝이 없다
뒤쪽에 크리스마스 빨강 양말 속에
선물 행복을 부른다
뒤이어 크리스마스 캐럴이 울려 퍼져
내 가슴 속에 강물 되어 흐른다

'행복한 메리 크리스마스 되겠네
내 마음속 당신을 떠올리니까'

김인녀

꽃바람

낭송 정설연

따뜻한 그대 숨결
잠자는 내 볼을 간지르고
부드러운 그대 숨소리
고요 속 내 귀에 속삭인다

바람 타고 날아온 그대
가슴을 두드리고
잔잔한 호수에
물수제비 뜬다

찰랑찰랑 잔물결 일고
햇빛에 반짝반짝
온 세상이 빛나고
행복으로 부푼다

타는 눈동자
뜨거운 정열 이글거리고
사뿐히 내 어깨를 토닥이고
끌어안는다

마음속에 스며들어
뛰는 내 심장
하늘 가득 지금 터질 듯
가슴 속에 나비가 수만 마리
날아오른다

김인녀

웃으면

매일 좋은 일만 있다면
세상사 걱정이 없으련만
인상 쓰고 바라보면
행복은 저 멀리서 눈을 흘긴다

미소 지을 때 그대도 미소 짓고
웃음소리 나면
해님도 금빛 햇살 내려주어
세상이 행복으로 넘친다

웃으면 기분이 좋아지고
웃으면 소화 잘되고
웃으면 머리도 맑아져
근심이 도망간다

우리는 하나

당신이 나를 부르는 곳에
나는 언제나 그곳에 있네

당신이 나를 생각할 때에
나는 언제나 당신 머릿속에 있네

당신이 나를 보고 싶어 할 때
나는 언제나 당신 눈 속에 있네

당신이 나를 그리워할 때
나는 언제나 당신 심장 속에 있네

당신과 나는 항상 함께 있는
당신과 나는 영원한 하나

김인녀

나는 혼자가 아니다

나는 혼자 아침을 먹는다
나는 혼자 커피를 마신다
나는 혼자 티비를 본다

나는 혼자 슈퍼에 간다
나는 혼자 점심을 먹는다
나는 혼자 책을 본다

나는 혼자 산책을 한다
나는 혼자 저녁을 먹는다
나는 혼자 침대에 든다

그대 항상 내 가슴속에 있어
나는 혼자서도 잘할 수 있으니
나는 혼자가 아니다

마중물

수명이 길어지고 있는 요즈음
은퇴하고도 긴 세월을 살아내야 한다

산다는 것은 생산적인 사고의 활동이요
삶의 질을 좋게 하여 행복 지수를 올리는 거다

이런 시점에 나의 첫 시집이
주위의 지인 이웃들이 놀라는 듯하다

시를 쓴다는 것은 깊은 사고
살아 있는 문장에 노력이 입혀지는 거다

삶의 의욕을 잃어가는 많은 이들에게
미흡하지만 마중물이 되었으면 좋겠다

김인녀

행복에 겨운 사랑을

비탈진 언덕에 나무들 듬성듬성 서 있고
바람은 추위에 골목 돌아가며 소리치고
사람들은 두꺼운 옷에 가슴을 데운다

떠는 나무 포근히 햇살 보듬어 안아
언 가지 마디마디
초록의 희망 숨긴 채 침묵하고

바람은 남녘의 훈풍 데려다
헐벗은 골짜기에 풀어
꽃 피울 비상을 꿈꾸니

열정의 가슴으로
얼어붙었던 당신 사랑 깨워
행복에 겨운 사랑을 해보리라

끝없는 그리움

오지 않고 소식이 없는 님
한켠에서 더욱 큰 외로움
아우성치며 치밀고 올라
마음을 헤집는다

바람이 일고 실비가 내릴 때면
저 밑에서 성난 파도처럼
외로움이 그리움을 불러
잔잔한 가슴을 할퀸다

해저물녘 추억에 젖어 나서면
길어진 나의 그림자만
강기슭에 기억의 작은
조각들을 주어 올린다

기다려도 못 올 님이라면
잊고 매정히 돌아서야 하거늘
애절한 그리움은 낡은 세월에
찢긴 꽃잎 되어 가슴앓이한다

김인녀

호감

그대를 아직 잘 모르지만
우리의 만남은 우연이 아닌 듯

처음 만남이었지만
오래된 친구처럼 스스럼이 없고

은근한 미소와 꾸밈없는 말투
새롭고 다정하고 인정스럽다

익숙한 매너 몸에 배인 강의
성을 다하는 모습 눈에 선하다

그날은 유난히 햇빛이 뜨겁고
맑은 하늘이 드높고 푸르렀다

이렇게 하늘이 푸른 날에는
그대의 모습 그리움도 짙게 다가온다

우리의 만남은 누가 뭐래도
아름다운 만남으로 가슴에 깊이 남으리라

어머니의 강

거울 속에서 어머니 얼굴을 본다
한참 동안 잊고 살은 듯
뭉클하는 가슴 한 줌 쿵 내려앉는다

산골 마을 낡은 아침 부엌은
보리밥 냄새가 김을 서리고
어머니의 모습이 가득 커진다

밥상에는 눈 반짝이는 토끼들
항상 뒷전에 앉아 배부르시다던
어머니 야위신 얼굴 눈에 선하다

땔감 지고 뒷산 언덕배기 구르고
피 어리게 갈라진 손등 쥐고
끼니는 걸러도 배워야 한다시던 어머니

세월이 퇴색되고 그 나이가 돼도
건널 수 없는 내 어머니의 강
뜨거운 눈물이 되어 가슴을 적신다

김인녀

한강은 영원하리라

한강은 영원하리라
검은 먹구름이 천둥을 몰고와
잔잔한 물결에 파문을 일으켜도
유람선은 유유자적 흐른다

한강은 영원하리라
진달래가 피고 지고
여름날 나무가 갈증에 시달려도
한강은 퍼렇게 흘러간다

한강은 영원하리라
유구하고 험난한 역경과 치욕에서
눈부신 회생 기적의 꽃 피웠으며
신비를 잉태하고 영험을 보여준 너이니까

한강은 영원하리라
자자손손 자손만대에
흐르고 흘러 동방의 등불로
내 조국 강토를 밝히고 풍요를 이룰지어다

바람의 길

그대는 눈이 없어도 어디나 찾고
발이 없어도 어디나 간다
푸른 하늘에 흰구름 그리고
그대는 자유분방한 바가 본드다

그대는 꽃잎을 포옹해 향기를 피우고
나뭇잎을 흔들어 피톤치드 날리고
땅을 뒤집어 흙먼지를 뒤집고
그대는 바다를 뒤집어 폭풍을 일으킨다

그대는 벌판을 건너는 남녘의 따순 바람
사막에 모래언덕을 쌓는 모래폭풍
먹구름에 비를 실어 오는 감우
그대는 어디서나 변화를 이룬다

그대는 가는 곳마다 흔들어
그대의 길을 만들고
온전한 인생길을 만들어
그대는 바람의 길 노래 부른다

김인녀

강물처럼

강물이 큰 바위에 부딪치면
하얀 포말을 토할지언정
아무 일도 없었다는 듯
돌아서 유유히 흐른다
비가 온 후 창공에
오색 무지개 걸어 놓고
아침 눈 뜨면
하얀 입김 피어 정겨운 운치 즐긴다
낮에는 금빛 햇살과 노닐고
바람 함께 손잡고 윤슬 춤도 춘다
강물은 서산 언덕 모퉁이 돌아
노을을 만나 낭만을 꿈꾸며
광활한 바다로 간다
나도 강물처럼
느긋한 세월의 강물 따라
꿈의 물길을 저어 간다

빗방울

비가 내립니다
비가 방울방울 흘러내립니다
빗방울은 그리움입니다

비가 내립니다
비가 방울방울 흘러내립니다
빗방울은 보고픔입니다

비가 내립니다
비가 방울방울 흘러내립니다
방울방울 그대 창문 위에 수채화가 됩니다

비가 내립니다
비가 방울방울 흘러내립니다
나도 빗방울이 되어
그대 가슴에 굴러내립니다

김인녀

산 정상에 오르면

산 정상에 도달하려면
오솔길도 지나고
막막한 숲속에 햇살도 기진한다

울창한 숲과 잡초들로
길을 찾지 못해 방황하고
헤매며 탈진하기도 한다

갈수록 경사는 가파르고
갈증에 숨은 턱밑까지 차오르니
땀은 등줄기를 강처럼 흐른다

마침내 기력을 다해 산 정상에 이르면
사방이 한눈에 들어오고 가슴이 뻥 뚫리며
참았던 시원한 바람이 땀을 식힌다

그 상쾌한 쾌감과 쟁취의 기쁨으로
쌓인 피로는 눈 녹듯 풀리고
정복의 희열에 하늘도 내 가슴에 안긴다

폭우 같은 연민의 꽃

내 마음을 어쩌지 못하는
폭포처럼 쏟아지는 연민

하늘은 잿빛으로 음울한데
밤은 어김없이 세상을 삼킨다

예기치 못한 빗줄기 드세고
억척같은 빗줄기 피해 처마 밑에 들었으나

그칠 기운 가없고 쏟아지는 그리움
꽃이 되어 빗속에서 흐느낀다

김인녀

초승달

많은 위성이 헤엄치는 푸른 바다에서
혼자 지치어 손톱같이 야윈
자태가 애처롭다

한 조각 조각배는 연인을 잃고
눈물을 글썽 글썽이며
쓸쓸히 서쪽으로 서쪽으로 외롭게 간다

가슴 에이는 잃어버린 연인이며
떠나온 엄마의 포근한 품이
죽을 만치 간절하다

아련한 그리움에 깊은 상처
밤새 홀로 젓는 저무는 어둠을 안고
한숨 지며 수평선을 넘는다

사랑뿐이다

가슴이 뭣에 걸린 듯
숨쉬기가 막히는 듯
삶이 어둠으로 떨어지듯
보이지 않는 그대여

세월이 하 어수선하니
현기증이 나는 듯
햇살도 때를 잊은 듯 흐릿하고
그대 사랑도 안갯속인 듯

그대 소식이 하도 늦어
기다림이 하도 길어
지쳐가는가
의욕마저 잠을 잔다

그대 사랑만이 내 삶의 이유인걸
남녘의 꽃소식은 향기로운데
그대 사랑의 입김
진한 기다림은 간절한 그리움이다

김인녀

달빛 세레나데

그대는 아시나요
그대를 그리는 간절한 그리움에
흐느끼는 저 달빛의 마음을

그대는 아시나요
그대를 목숨 같은 사랑으로
붉게 물든 저 달빛의 마음을

그대는 아시나요
그대 향한 뜨거운 연정으로
사위어가는 저 달빛의 마음을

그대는 아시나요
그대를 열망하는 연민에
상처를 핥는 저 달빛의 마음을

그대는 아시나요
가슴 적시는 달빛 세레나데
그대를 갖고 싶은 저 달빛의 마음을

한강에 산다

유유히 흐르는 한강물
맑은 날에는 금빛 윤슬이 미소 짓고
비가 오면 찰랑찰랑 물안개로 춤을 춘다

멀리 물속에 솟은 남산이
그대 속에 내려앉고
강물 위에 철새가 난다

바람 불면 아파트도 물 위에
트위스트 추고
지나가는 유람선도 뒤뚱대고
강가 가로수들이 머리채를 흔든다

하늘에 별들이 숨바꼭질하고
은하수 행진이 찬란히 빛나는 밤에
한강 물은 말없이 흐른다

한강에 사는 이여!
한강의 유구한 역사를 아는가
나는 한강이 좋아 한강에 산다

김인녀

아가의 눈동자

아가의 눈동자는
맑고 투명하고 작지만
한없이 넓은 영혼의 호수다

그 눈동자와 마주하면
세속에 묻은 때가 씻기고
순수의 너울을 쓰고 날은다

내 영혼이 유리알처럼 깨끗하고
마음이 순해지는 기적을
너의 애띤 얼굴에서 본다

쳐다보고 또 쳐다보고
너를 바라보고 있노라면
나는 낙원의 천사와 꽃밭을 거니는 듯하다

인생은 흘러가리라

햇살도 따스하고
동네 뚝방에 활짝 웃는 벚꽃
처녀 가슴처럼 봄이 벙그는데

불청객 팬더믹 괴물 코비드
세계를 휘젓는 만행에
창살 없는 감옥에 발이 묶였다

긴긴 인생살이 지금까지
아롱다롱 맺힌 꽃송이들
가상하고 축복이려니 마음 다독이며

흉측한 검은 폭풍은 머지않아 사라지리니
큰 바위에 부서져도 돌아가는 강물처럼
무지갯빛으로 인생은 흘러간다

김인녀

구름처럼

삶은, 구속의 연속 속에
어딘지도 모르며 달려간다

일에 매이고
집안에 매이고
자식에게 매여 정신이 없다

창공에 구름은
흰 너울 쓰고 고운 그림 그리며
유유히 간다

내가 쉬엄쉬엄 가도
어느 사이엔가는 끝에 닿고
그때는 후회만 남겠지

굴레를 벗어난 구름처럼
나의 삶을 그리며
향기 나는 항로를 장식하고 싶다

광교호수공원 시화전

가슴이 넉넉한 그대는
바다를 닮아 푸른 하늘을 품고
흰 구름도 끌어안고
산 그림자도 잠을 재운다

계절 따라 꽃무리의 향기 품고
신록의 잔치 풍성하고
오색의 낙엽 춤을 추고
흰 비단옷자락 날린다

청명한 날에는 금빛 물결에
달빛 쏟아지는 밤에는 은하수 첨벙이고
젊은 연인들의 밀어가 익어가고
물고기들의 사랑이 뜨거워진다

고운 아가들이 산책을 가면
영롱한 아침 이슬에 얼굴을 씻고
그대 넓은 가슴에 안기어서
안개 너울을 쓰고 희망의 행진을 한다

김인녀

2부. 잃어버린 시간

잃어버린 시간

신작로처럼 뻗어가는 시간 위에
브레이크가 고장 난 차같이 달린다
쉴 줄 모르는 시간의 수레바퀴에
많은 소중한 것을 잃고 스쳐 간다

봄꽃보다 고왔던 우정
바다 같은 스승의 은혜
그리고 하늘 같은 부모님 사랑의 시간이
안갯속에서 가물거린다

자갈밭의 돌멩이 같이 가는 길 위에
잊고 흘러간 후회들 아픔으로 송곳처럼 찌르지만
고통도 행복도 헛되지 않게
내 핏속에 세포 속에 살아 있다

개울가에서

맑고 잔잔한 가슴에
푸른 하늘 끌어안고
조용히 속삭인다

그대를 사랑했노라고
지금은 떠나버린 아픔
피할 수 없는 운명을 안타까워한다

가슴에 새겨진 그대 모습
귀를 맴도는 그대 목소리
어찌 잊을 수 있으랴

개여울 물소리에
가슴 에이는 그리움 풀어
불러 본다
보고 싶다고

김인녀

고향의 언덕

문득문득 떠오르는
먼 고향의 푸른 언덕
밀 보리 익는 고향의 언덕
추억의 색실로 수를 놓는다

양로원이 된 우리 집은
뒷산의 언덕을 내려와
풀향기로 가득 찬
옹달샘이 거기 있고

봄에 고운 진달래
여름에 달착지근한 느릅나무
가을에는 새콤한 빨강 찔꽹이
겨울에 달디 단 각가지 옛맛 새롭다

살진 언덕 위에 보리피리 불면
종달새는 공중에서 노래하고
외양간에 황소가
목청을 돋우었다

언제 가보리
북녘땅 고향 언덕
살아생전 단 한 번만이라도
찾아가 봤으면
그리운 나의 고향

김인녀

개나리꽃

봄에 피는 꽃 하면
개나리꽃이
제일 먼저 떠오른다

이른 봄 양지바른 곳에
먼저 입술을 뾰족 내밀고
노란 웃음을 터뜨린다

잎도 나기 전에 노란 꽃잎
봄꽃 중 먼저 피어난 개나리꽃
노란빛 아양 애교쟁이이다

그대 사랑

무료한 봄날에 그대가
꺾어준 꽃은 그저 꽃이 아니라
그대의 붉은 관심이었습니다

찌는 듯 태양이 쏟아질 때
펼쳐준 양산은 빛 가리개가 아니고
그대의 뜨거운 열정이었습니다

땀을 식혀주는 그대 그림자는
그냥 그림자가 아니라
사랑을 말해 주는
그대 몸짓이었습니다

한겨울 꽁꽁 언 내 손을
잡아준 것은 그대 손이 아니라
그대 심장에서 분출하는
뜨거운 사랑이었습니다

김인녀

꽃잎 사랑

모퉁이 내리는 햇볕에
쌓여있던 눈이 스멀스멀 녹으니
내 님이 가까이 손짓하는 것 같구나

움츠렸던 화초가 기지개를 켜고
화사한 봄기운을 받아
수줍게 꽃대를 밀어 올린다

꿈에도 못 잊던 내님
멀리서 힘겹게 오시는 내님
붉은 사랑의 꽃을 바치리니

그 꽃잎 사랑에 응답하여
살포시 미소 머금고
꽃잎 사랑을 노래하소서

목련꽃

움츠렸던 가슴이
눈 녹듯 녹아도
겨울의 마지막 투정이
아직 응달에 웅성거리는데

아리따운 새아씨의 마음이
살랑이는 훈풍 타고
흰 드레스 하얀 너울
자태도 아름답구나

뽀오얀 고운 얼굴에
수줍은 듯한 그 향기
속세의 티끌 끼일까 봐
마음 저어하다

뉘라서 세월을
피해 갈 수 있으랴 마는
정신만은 곱게 다듬은
우아한 순결의 신부여.

김인녀

이팝나무꽃

산책 길가에 늘어선
이팝나무 하얀꽃
마디마디 소복소복
옛이야기가 걸려
효자가 이팝나무 꽃으로 밥 지어
굶주림의 사경에서
어미 소생시킨 이야기

지극한 효도에
임금님도 탄복하여
가마니 가마니 입쌀 하사 하시니
그 효성 장안에 자자했다

봄꽃 터지듯
만개한 이팝나무꽃
흰쌀밥 같은 전설의 꽃
가지마다 풍성하게 열려
보기만 해도
허기진 배가 부르다

조팝꽃

희뿌연 새벽 오솔길
해님이 솟아 먼동 틀때
아침 이슬 함초롬히 머금고
나뭇가지 손을 뻗쳐 기지개 켠다

여름날 훈풍에 향기 싣고
앙증 걸음으로 오시는 님
님 생각에 긴 긴 여름날
지친 세월이 흘러간다

동박새 소리도 멀어지고
꽃길에 님의 고운 얼굴 뵈올제
겹겹이 쌓인 하얀 사랑은
꽃물결로 굽이굽이 펼쳐진다

김인녀

봄의 대지

동장군의 기세 누르고
열기로 가득 찬 생명의 불꽃
정열의 열기로 충만하다

신방 신부의 얼굴 마냥
햇살에 씻은 불그레한 골짜기
불빛보다 화사하다

달빛 속 어두운 밤을 지나
새날의 밝은 빛이 창문을
환히 밝히듯 기쁨이 넘친다

신비가 서린 충만한 환희
홍수처럼 파도치는 꽃샘
목이 타는 새 생명의 잉태 꿈이 영근다

봄의 유혹

나는
푸른 가지에 뾰족 얼굴을 내밀고
봄볕에 몸을 말리는 새싹이다

나는
골짜기의 마른 언덕 기슭을 적시며
졸졸 흐르는 시원한 냇물이다

나는
나무에 주렁주렁 매달려
따먹기 늘 고대하는 붉은 사과다

나는
조용한 창공을 가르며
목청 돋우어 노래하는 새다

나는
따순 바람 타고 오는 님 소식에
가슴 녹아 온몸이 타오르는 사랑이다

김인녀

벚꽃은

엄마 품속이다
포근하고 향긋하다
잊혀질듯 먼 엄마 얼굴
애틋한 기억 가슴 따뜻하다

엄마 옷자락이다
관심 사랑 희생
아롱다롱 맺힌 봉오리
평안과 행복 피어난다

엄마 사랑이다
환히 웃는 얼굴
인고의 세월 깊은 주름
감춘 향기 풍성하다

엄마 희생이다
아낌없이 내어주고
목숨도 마다하지 않는 고운
젊을 적 엄마 모습이다

봄이 왔어요

몸 풀은 샛강 위 낡은 징검다리가
봄 손님으로 휘청인다

봄 아가씨 사랑의 화살 같은 햇살이고
따스한 금빛 웃음 웃으며 온다

코끝을 자극하는 라일락 향기
바람 등에 얹혀 뒤뚱이며 온다

연초록 버들가지 교태 몸을 꼬며
찰랑찰랑 엉덩이를 흔들며 다가온다

노란 개나리가 언덕 넘어
노란 애교 흘리며 수줍게 웃으며 온다

고운 연서 핑크빛 풀어 놓은 산등성이에서
진달래가 발그레한 얼굴로 안겨 온다

우리네 가슴속에도 봄꽃처럼 사랑이 뜨겁게
봄기운에 취해 향기롭게 타오른다.

김인녀

봄꽃만 꽃인가요

그대 향한 집착
한 줌 순백의 정을
그대 가슴에 드립니다

하얀 눈송이
마른 가지 끝에 매달린 눈꽃도 꽃이거늘
봄꽃만 꽃인가요

그대 가슴에 수놓은
나의 간절한 마음은
시들지 않는 영원한 사랑의 꽃입니다

호반의 연가

파란 달빛이 호수 위에 차고
살랑이는 봄바람이
옷자락 날리는
호반의 밤은 가슴을 흔드는데

울창한 나무들의 속삭임
호반의 고요가 괴괴하고
허한 마음에 귀를 쫑긋 세워 뒤돌아본다

그대의 사랑 노래는 지금도
내 맘에 호수가 되어 끝없이
잔잔한 은빛 물결 찰랑이는데

그대는 어디 갔나
애타는 그리움 풍선처럼 부풀어
빛 고운 사랑 노래
호수 위를 미끄러지듯 달려간다

김인녀

할미꽃 회상

옷을 껴입어도 봄바람이 불어와도
가슴에 스미는 한기 어쩔 수 없어
양지를 찾아 추운 몸을 말려 보지만
무릎은 시리고 팔다리가 쑤신다

봄볕에 깜박 낮잠에 취해
봄꽃이 활짝 나비를 유혹하는
푸르른 청춘의 날을
꿈속에서 만난다

코펜하겐의 만발한 꽃 정원
런던에서 그대와의 황홀한 만남
고향에 엽서를 쓰던 암스테르담의 그 밤에
무수한 별들이 낯선 하늘에서 왁자지껄 재잘댄다

앞이 흐릿하고 흰 눈이 날려도
햇살 물씬 쏟아져 봄 향기 따순
봄 언덕에 누워 고개 숙인 할미꽃
옛 추억이 봄꿈처럼 무르익는다

꽃물

봄볕이 뜨거운 입김을 머금고
산들바람이 나뭇가지를 희롱하니
언덕에 꽃빛이 수줍다

그대 먼발치에
늠름한 기상 고즈넉한 눈동자
마음을 휘젓고 꿈꾸는 설렘이다

다시 만날까 기다려지는 그대
순한 가슴에 분홍 기쁨 넘치고
봄 향기 같은 기대가 그리움 꽃 피운다

그대 눈빛을 마주하면
뽀얀 내 볼에 꽃물이 들고
세상을 다 가진 듯 희열이 온몸에 찬다

김인녀

봄은 빗 사이로

창에 가득히 차오는
가냘픈 여인의 흐느낌 소리
떠나갔던 연인의 발자국 소리

여인의 마음을 헤아려
추적추적 바람에 휘둘리고
붉어진 눈시울 깊은 회한에 잠긴다

가지 말라고 붙잡을 때는
매정하게 뿌리치던 뒷모습
아린 가슴에 더 큰 상처를 남겼어도

기약 없이 멀어져 갔던 그대
소리 없이 헛헛한 모퉁이를 돌아
살며시 빗 사이로 수줍게 오네

천상의 잔치

아침 일찍부터 떡가루가
창밖에 하얀 장막을 치더니
차츰 꽃잎이 되어
이리저리 나른다

하늘나라에 경사가 있나
꽃잎은 바람결을 따라 흩어지며
건너편 학교 지붕에
하얀 비단을 펼친다

추위에 몸을 사린 나무 가지 위
살포시 안기어 그네를 타고
희희낙락 웃음꽃을 피우며
지상에도 하얀 꽃 파티 한창이다

천상의 잔치
상서로운 봄소식인가
찌든 살림살이에도
푸른 새봄의 진한 꽃향기로 젖는다

김인녀

봄이 기지개를 켠다

창가에 햇살이 황금 가루를 뿌리고
하늘에 흰구름 말이 없어도
계절의 속삭임 풍성하게 창공을 울린다

마른 가지에 아침 이슬 영롱하고
땅속에서 씨앗들이 새싹의 꿈을 꿀 즈음
처마 끝에 고드름 자취를 감추고

지난가을 휘어진 나뭇가지가
검게 그을은 얼굴을 곱게 씻고
푸릇푸릇 연둣빛으로 물들어 간다

그대여 들리는가
매화꽃 봉오리 움트는 소리
새봄 푸른 기지개 소리가

별

별빛은 은은해도 강하다
가슴에 별 하나 있으면
어두운 밤이라도 길을 잃지 않는다

삶의 여정에 앞이 막막한 때도
밝은 별 하나 만나면
숨 한번 깊이 내쉬고 나아갈 수 있다

질척한 인생행로에서
슬픈 일을 당해 캄캄할 적에
일이 올가미에 엉기어 막막할 때에

그대의 별이 되어
그대의 앞길에
영원한 빛이 된다면
나는 외로워도 행복하겠네

김인녀

봄비 오는 날

긴 겨울 가뭄에 갈라진
밭고랑을 촉촉이 적셔주니
봄 입김이
모락모락 피어오르고

마른 나뭇가지 봄비에 온몸을 내어 주니
연둣빛 물기가 살포시 추파를 던지며
며칠새 쏙 오른 화분에 꽃 입술이
방긋이 열고 봄을 마신다

많은 봄은 그렇게
꽃이 피고 지듯 오고 또 가고
푸른 청춘의 고운 날도
꿈결같이 멀리 떠나갔다

텅 빈 큰 집에 홀로 공허한 벽만 보며
세월의 먼지 낀 갈피를 넘기며
눈물 젖은 옛일을 반추하니
가슴이 촉촉이 젖어 온다

봄 햇살

사랑을 흩뿌리는 사랑의 천사가
목 언저리에 따사로운 입 맞추니
짜릿한 정감이 흐른다

파아란 나뭇잎 위에도
향긋한 꽃잎 위에도
아낌없이 애정을 쏟는다

너의 온기에 죽은 듯하던
산천이 살아나 울긋불긋
꽃 궁전 정원에 꽃 잔치가 찬란하다

너는 살며시 내 가슴에 속살대니
너의 뜨거운 포옹에 나는
삶의 봄꽃을 다시 피운다

김인녀

3부. 두레박

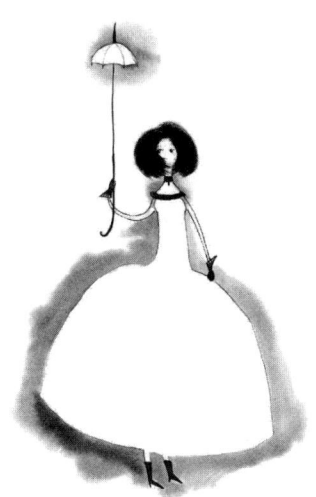

두레박

그 옛날에는 우물에 두레박
더위로 지치고 허기질 때
컴컴하지만 두레박 내리면
맑은 정한수로 갈증을 달래고
빈속을 채워 내 속에 힘이 솟았다

그 옛날 냉장고도 없을 때
우물에 띄워 두었던 참외 수박
컴컴하지만 두레박 내리면
시원하게 식혀진 과일을 건져 올려
더운 속을 달랬다

그 옛날 수도도 없을 때
물안개 꽃잎처럼 피어오르는
컴컴하지만 두레박을 내리면
추운 겨울이어도 따뜻한 물을 길어
빨래통에 누덕진 삶을 말끔히 헹구었다

두레박은 잊을 수 없는
생명의 은인 같은 추억이요
한 토막 잊혀가는 사랑이다
그리움 가득 출렁인다

5월에 부쳐

머언 초원을 돌아온 그대여
움츠렸던 가슴을 펴고
두 팔 벌려 포옹하노니
진초록의 그리움
눈물 젖은 향수를
목 놓아 노래한다

미풍이 실어오는 신록의 향기와
들꽃들이 터뜨리는 함박웃음
산천초목들 푸른 합창을
내 가슴에 끌어안고 싶어라
시들지 않는 꿈을
그리고 풋풋한 사랑을
그리노라

김인녀

5월의 장미

울타리에 넝쿨장미
너울너울 팔 벌려 반기며
붉은 입술의 환희로
요염한 미소 머금었다

매서운 가시들로
범접하기 어렵지만
피어나는 짙은 향기로
많은 사람 불러 모은다

넝쿨장미처럼
사랑의 향기
진하게 뿌리며
나의 삶을 다듬어 보리

갯바위

외딴곳에 출렁출렁
파도를 그리워하며
외로움에 떨고 있는 갯바위

큰 파도 해변에 이를 즈음이면
지친 듯 산산이 부서지고
하얀 포말로 눈을 번쩍 뜬다

인정스러운 별별 이웃들
굴 딱지 그리고 별 무리들
함께 어울려 살풀이 춤을 춘다

그대 그리는 목마름으로
검게 타버린 가슴은
푸른 하늘을 우러러 기지개를 켠다

김인녀

그때 그 시절

그때 그 시절 학생들은
학교에서 지정한 교육 영화 외
영화관에는 엄격히 금지 감시했다

시골 동네 극장에 춘향전 악극단이
선풍적 인기 속에 상연한다기에
머플러에 한복으로 가장을 하고

친구들 몇이 같이 뒷문으로 갔다가
누추하고 좁다란 찐빵집에서
킬킬대며 수다를 떨었다

그때 그 시절 극장은 거기 없고
그때 그 시절 그 친구들 어디 갔나
그때 그 시절 그리움만 남았네

낮달

한 국회의원이 어렵사리 당선되어
첫 등원 날 반바지 티셔츠 차림이어서
문전 박대로 돌아가야 했던
웃지 못할 글귀

때와 장소를 알아 처신함도
세상사는 이치이고
미뿐 민생을 밝게 이끄는 것은
지도자의 순리이다

밤에는 무한한 우주를
그리고 풀숲을 비추는 달덩이는
중생의 골목골목을
어김없이 비추는 것이 세상 이치다

대낮에 길을 잃고 멍하니
혼자 떠있는 낮달은
세월에 밀려온 우리의 얼굴처럼
낯설기만 하다

김인녀

산은 나의 스승

몸가짐을 가다듬고 나서
고까짓 것 얕보는 생각으로
으스대며 등산을 간다

산 아래 숲의 향기가
찌든 폐를 시원하게 씻고
산뜻한 신선함을 선사한다

점점 호흡이 빨라지고
뽀송하던 등이 땀의 홍수에 젖고
얼굴이 붉게 물든다

다리 힘이 풀리고 휘청휘청
정상은 아직 요원한데
고까짓 것 한 오만이 부끄럽다

기다시피 정상에 도달하니
광활한 산의 침묵과 겸허에
무릎 꿇고 겸손하게 산을 마신다

못다한 사랑

어느 성인이 읊었던가
인생의 끝자락에 남아
끝까지 가져갈 것은
사랑하는 마음뿐이라고

마지막 날에
나는 무엇을 가지고 갈까
여름, 겨울방학도 또 휴가 중에도
가족과 보낸 시간이 없거늘

돌아보니
지금까지 나의 삶이 한심타
세월은 어느새 소리 없이
저 멀리 가버렸구나

갑자기 미사 중에
뜨거운 눈물이 와락 쏟아져
옆에 있는 신도 볼세라
콧물인 듯 얼른 코를 감싼다

김인녀

내 마음

세월은 물 흐르듯
쉴 새 없이
흔적도 없이
바람 따라 흐른다

젊을 때 푸른 꿈
빛나는 미래의 환상
아직 가슴속에
남아 숨 쉬고 있다

지난해 내 시집 1권 냈고
다음 달에 내 시집 2권
내년 초에 내 시집 3권
모두 열권의 시집이 내 꿈이다

시간은 가고 가도
마음은 그대로
내 마음에 항상 그대 있기에
길이 젊은 열정으로 살리라

눈 사랑

고요가 어두운 밤을 차지하고
피곤에 들뜬 눈을 껌벅이는데
잠은 오지 않아 뒤척이다

여인의 비단 치마 자락
사각사각 스치는 소리
밤새 속살대며 다가오는 그대

목마른나무 생명수 되고
먼지 낀 무딘 가슴속에 서린
고운 기다림 휘젓는다

환상처럼 들뜬 그리움 일고
그대 품속에 사르르 녹는 사랑
설원의 맑고 반짝이는 신세계 열린다

김인녀

능소화 연정

왁자지껄하던 외진 골목길에
햇님도 지친 듯 서산마루에 걸터앉아
노을을 밟고 지나는 아가씨를 훔쳐본다

그리움에 겨워 하늘을 우러르는
붉은 볼 내밀고 아가씨는
가로등보다 환하다

담 넘어 수줍게 웃는 아가씨
오뉴월 한 여름에
장미보다 아름답다

아가씨는 요염 발랄
동네 총각 여럿 애태우고
볼에 주홍 연지 활짝 교태가 흐른다

손은 말한다

섬섬옥수 백옥같이 희고
명주처럼 보드랍고 곱던
아픈 배에 약손 울 엄마손

바닥이 횅한 쌀독 빈 바닥
송곳 같은 아픔을 끌어안고
나무껍질 같은 울 엄마손

긁히고 찢기고 옹이져
혹처럼 박혀 흉해도
새끼들 위해 다 내준 울 엄마손

검은 죽죽 골지고 갈라지고
험악해져 나무토막 같아도
늘 따뜻하던 울 엄마손

김인녀

달무리

세상 끝까지 사랑한다던
가슴에 옹이 박힌 사랑 못 잊어
달빛 아래 눈물집니다

안개 낀 강가에서 서성이듯
아련히 비쳐오는 그대 모습
환하게 웃으며 다가오는 듯

깜짝할 사이 멀리 사라져 가는 그대
애가 타는 마음속에
그리움만 깊어집니다

꿈에라도 보고 싶은 그대
볼을 적시는 뜨거운 눈물 속에
뿌연 달무리만 흘러갑니다

달빛 연인

해가 지고 어둠이 내리면
캄캄한 밤이 다가와
외로움이 파고들어

어두울수록 수려한 그대
맑안 얼굴에 고운 미소
살며시 내 가슴에 안긴다

옥토끼 뛰는 소리
은빛 광채가
은하수 냇가에 반짝인다

그때나 지금이나 변함없는 그대
고독한 밤을 달래주는
너는 나의 영원한 달빛 연인

김인녀

사랑하는 아들딸아

너희들은 나에게 큰 선물이다
달보다
해보다
더 아름다운 선물이다

매일 기억해라
너희들 기쁨 속에 나의 기쁨이 있고
너희들 웃음 속에 나의 웃음이 있고
너희들 행복 속에 나의 만족이 있다

항상 나는
너희들 성실을
너희들 건강을
너희들 복됨을 기도한다

매몰된 인정

맑은 하늘에 태풍이 밀려와
가로수가 뽑히고 지붕이 날아간다

산허리는 할퀴고
토사가 무너져 온통 흙 바다다

온화하던 이웃들 표정은
비통의 소리 되어 천지를 진동한다

가시밭 같은 인생사 속 따뜻한 인정은
홀로 흙탕물 속에 잠긴다.

김인녀

질항아리

부엌 한구석에 오래된
웃고 있는 질항아리

물 담으면 맹물 항아리
밀치면 출렁출렁 맹물 노래한다

술 담으면 술 항아리
취한 듯 누룩 내음 풍긴다

질항아리 텅 비면
바람 안고 혼자 뒹군다

낮에는 햇빛 바라기
밤엔 어둠 가득 담고

달빛이 내리면
옥토끼와 술래잡기한다

비어도 언제나 불룩한 배
히죽 웃는 질항아리 내 모습이다

싸구려 구두

며칠 전 새 구두 하나
착한 가격에 구입해
신고서 흡족한 마음에 날듯이 나섰다

추적추적 내리던 비가
폭우처럼 쏟아져
옷이며 구두며 물에 흠뻑 적셨다

발길을 재촉했으나
발목이 무겁고 걸리적거려
구두 밑창이 덜컥거렸다

모른 척 구두창을 떼 버리고
죄인처럼 사방을 살피며
나는 줄행랑을 놓았다

김인녀

비 오는 날의 상념

장막으로 가린 듯
뿌연 하늘이
내 정원에 내려앉아
나뭇잎 사이로
비밀을 속살댄다

빗속을 가는
빨강 우산 노랑 우산
먼 옛날의 나를 보듯
창 너머 사라지는
그대를 연상하면

내가 헤엄치는 바다이고
나를 감싸는 포근한 안방이고
내 마음을 녹이는 따뜻한 벽난로였다

한없이 걷고
그대 우산 속에
묵은 체취에 취해
온 세상이 흠뻑 젖어도
나는 그저 행복하기만 하다

느티나무 연정

오랜 마을 입구에 장승같이
큰 느티나무 나이를 말하듯
장엄하게 마을의 일부로
우뚝 서 있다

유년의 꿈이 웅장하게 영글고
성숙한 성장 화려하게 물결치는
거목 느티나무 마음 뜨겁다

가지마다 세월의 비바람도
몰아치는 삶의 풍랑 눈보라도
마을의 희로애락 노래로 꽃 피웠다

무수한 곱고 아름다운 추억도
가슴 에이는 슬픈 이야기도
마을 사랑 간직하고 엄숙히
침묵의 연정을 읊조린다

김인녀

큰비의 상처

가끔 내리는 비는
메마른 땅도 적셔주고
삭막한 가슴에 촉촉한
낭만의 꿈도 주었지만

긴 장마에 갑자기 예기치 못한
물폭탄으로 밀려들어
조용한 일상도 유린하고
많은 목숨도 앗아간 수마가 된다

뚝방을 벌건 흙탕물로 휘저어
장미 화원이 흉물이 되고
후렌치 바이올렛 꽃밭이 쓸리며
구슬 사초 홍띠 모두 수장되니

꽃향기 삼킨 역겨운 냄새뿐
지친 우리의 쉼터가 아수라장
오물로 뒤덮인 인조 축구장
본 얼굴은 어느 세월에 찾을까

시간은 흐른다

세월이 빠르다고
세상사에 조바심내고
서두르다 종종 탈의 덫에 걸린다

시간은 늘 같은 속도로
똑딱똑딱 분침과 시침이
주어진 호흡을 지키며 간다

마음이 바빠 세월을 탓하고
저만치 먼저 간다며
오지 않은 일에 속앓이를 한다

자연의 맥박에 맞추어
강물이 흘러가듯이 매사에
순리대로 편안히 살 일이다

김인녀

실개천도 바다에 이른다

실개천은 사계절 졸졸
송사리와 물장구치고
물방개와는 폴짝폴짝 뜀뛰기하고
변함없이 즐겁게 노닐며 간다

친구들과 재잘재잘
돌부리에 걸리면 깔깔 웃고
물새를 만나면 잠시 쉬며
고운 추억을 노래하며 간다

비를 만나면 비에 방울지고
태풍이 후려치면 얼얼한 아픔도
즐거운 듯 끌어안고 첨벙이며
눈을 비비며 간다

흘러 흘러 쉼 없이 가면
마침내 깊고 새로운 세계
신비로운 많은 친구 노니는
광활한 바다에 이르니 영광이다

사랑했다 말해요

초록이 푸릇푸릇 봄날을
살며시 곁눈질할 때
그대는 내 마음 가져갔었죠

그대는 꽃밭 꽃 속에
많은 향기에 취해
먼 곳만 바라봐 애가 탔었죠

반달처럼 웃는 눈웃음에
서운함은 눈 녹듯이 스르르
그대에게 빠져들어 갔었죠

그대의 따뜻한 체온에
그대의 보드란 속삭임에
그대의 끈질긴 구애에 흔들렸었죠

황혼이 산언덕을 넘는데
지난날의 조각들 모으니 그대
혼신 다해 후회 없이 사랑했어요

김인녀

폭풍의 파도

집채보다도 더 높고 큰 파도가
조용했던 해변으로 달려와
하얗게 부서지며 춤을 춘다

잠잠했던 수평선이 일그러지고
수많은 사연의 아우성을 삼켜도
시간은 행복 타고 평온으로 온다

인생의 항해도 험난한 폭풍 불면
평안에 험악한 물결이 출렁이고
삶을 아프게도 위태롭게도 한다

폭풍의 파도를 헤치고 달리면
찬란한 태양은 다시 솟아오르고
영광의 빛나는 상은 있으리라

자신을 알라

수십 년 전 추억이 얼룩진 면바지
촉감 좋고 아직 입을만 하지만
허리도 나이가 쌓이나 보다

허리를 좀 줄일양으로
무리하게 허리 돌리기를 했나
옆구리에 심한 통증이 난동이다

의자에서 일어설 때
허리를 굽혀 심호흡할 때
아픔의 숲이 아우성이다

심한 운동이라니
과함은 부족함만 못한 것을
가슴에 새기고 되씹어도

마음은 아직 청춘의 그림자 속에
삶이 꿈인 듯 허덕이는가
나를 돌아본다

김인녀

4부. 희망의 별

희망의 별

젊음의 꽃이 다 지는 것도 모른 채
나의 청춘을 회사 일에 묻었다
정신을 가다듬고 돌아보니
나의 머리에 하얀 꽃이 만발했다

무서운 숫자의 나이 그림자가
갈 길을 막아서 절망을 씹는데
멀리 하늘가에 희망의 별 하나
축 처진 나를 보고 반짝 윙크한다

그대를 향한 불타는 사랑을
간직하려 마음을 기울이니
살아 있음의 활기찬 빛이고
하늘의 미소가 내 곁에 꽃을 피운다

밤의 전설

빛나는 태양을 밀어내고
들어내는 모습이 너무나 당당하다

헛바람이 뒹굴던 곳
어두운 거리 골목골목

싸늘한 달빛에 지쳐
휘청이는 나그네 포옹한다

꺼질 듯한 희미한 불빛은
화사한 향연으로 보답하는 마술이다

잠 못 드는 별들의 속삭임
외로운 영혼을 다독이며

무수한 사랑의 밀어들이
꽃으로 열려 밤의 전설을 안긴다

김인녀

물레방아

먼 날의 가슴 설레는 기억들
아련히 물레방아가
빈 가슴을 쿵덕쿵덕 찧는다

슬픈 사랑의 역사도
행복의 그리움으로 쌓인
추억의 눈을 가만히 뜬다

야윈 시간 속에 짜인 삶에
젊은 날 향수가 꽃으로 새겨져

그 옛날 물레방아 추억은 냇물에 돌고
내 가슴에는 옛사랑이 돈다

가을은

햇빛은 탈색되어 빛나지만
바람은 옷깃을 여미게 차갑다
은행나무 가로수 하나가 곱게 물들더니
잎이 몽땅 떨어져 앙상하고
한 그루 한 그루 옷을 홀랑 벗고
차가운 알몸으로 고해하듯 하늘을 우러른다

사랑하던 사람들이 찬란했던 날들을
뒤로한 채 어느 날인가
하나하나 떠나간다는 것이
은행나무들처럼 인생의 가을은
부끄럽지 않으나 쓸쓸하고
우리를 슬프게 한다

김인녀

가을 햇살의 찬가

밭두렁에 호박이 살찌고
풍성하게 황금빛 물들며
텃밭에 주렁주렁 고추가
더욱 붉게 자태를 뽐낸다

백일홍 꿀 파티에 모인 벌 나비
날개를 하얗게 팔락이고
나무에 무성한 잎들이
노랑 빨강 새 옷 잔치 눈부시다

내 근심도 펼쳐 내 걸면
투명하게 바래 사라지고
세월의 칼끝에 베인 상처도
가을 햇살에 새 살이 돋아나려나

무상

어느새 이 나이가 되었나
가는 모퉁이마다
허망한 존재로 채인다

이룬 것은 무엇인가
믿을 수 없는 허무한 나이
숫자만 어른거린다

바람 따라갔나
구름 타고 떠났나
눈 깜짝할 새 가버린 세월

얼룩진 삶이 낳은 주름살
정수리에 이는 뿌연 바람
구석구석 아린 자취뿐이다

김인녀

대나무 숲

사철 푸르른 절개가
끝없이 흔들리며 철석인다
바다가 파도를 몰고 오듯
어제가 오늘이듯 변함이 없구나

바람이 세차게 춤추고
깊은숨을 몰아쉴 때
바다의 입김 스치는 듯
푸른 내음의 대숲은
나의 가슴을 핥는다

강풍이 몰아쳐도
속을 비우고 꼿꼿이 서서
꺾이지 않고 버티는
의지의 숲에 나의 소망을···.

가을의 속삭임

후덥지근 뜨겁던 바람이
문틈을 싸늘하게 비집는데
짝을 찾아 울어 예던 매미 떠나고
쓰르라미 밤새 웅성인다

수묵화 속 여인의 창백한 수심 같은
가을 햇살이 입 맞추니
풋사과 수줍어 볼이 붉어지고
이슬 머금은 눈빛이 아련하다

청청 푸르르고 윤기 흐르던
나뭇잎들 금빛 옷으로 갈아입고
청초한 하얀 실난 초가을 입김에
가녀린 꽃대가 파르르 떤다

계절의 속삭임 때를 잊지 않는데
한 번 간 우리네 청춘 다시 못 오니
허무한 인생사 이 푸른 날 충실히
최선을 다해 만끽하라 속삭인다

김인녀

가을 사랑

빨간 고추잠자리 한 쌍
가을꽃 찾아 입 맞추고
울창한 강변 갈대숲에
갈바람의 사랑 노래 흥건하다

찬란한 햇빛 계단 밟고 오시려나
휘황한 달빛 그네 타고 오시려나
바람의 날개에 앉아 오시려나
붉은 단풍으로 오시려나

황금 들녘 비워놓은 마음 자락에
지난 추억 차곡차곡 걸어놓고
쌓이어가는 그리움을
빛 고운 노을로 고이고이 펴리라

이 가을에 그대 살며시 와
서늘한 이 가슴을 데워주고
지나는 바람에 창문이 울적마다
내 마음이 먼저 달려나간다

가을꽃

뿌연 아침 하늘의 구름 사이로
금빛 햇살의 화살이 맑은 바람 가득한
들판 위에 고운 아우성으로 쏟아진다

산책로 따라 늘어서 애교 넘치는
연분홍 발그레한 미소에
노랗고 환한 교태 설레인다

붉은 군단의 질펀한 환호성
초가을의 아침 청아한 들녘을
붉게 물들인다

가을 향기에 흠뻑 젖어
산들바람에 나부끼는 옷자락
내 마음도 흩날린다

찬 서리 몰아치는 아픔으로
그대 떠남에 눈물이 날지라도
이 아침 국화꽃 향기에 취한다

김인녀

달빛 그대여

어둠이 산 넘는 황혼을 삼키고
캄캄한 하늘에 음울한 심정
어루만지듯 달님이 살금
환히 웃으며 온다

그대에 취해 그대에게
외로움을 토하는데
정겨운 정을 시샘하듯
먹구름이 님을 가리운다

서러운 맘 울컥한데
그대 어느새 알아채고
내 맘속에 사랑의 등을 달아
아픈 맘을 환히 비추인다

겨울 5일 장터

삶의 현대화로 5일 장터는
골동품처럼 먼 시골에서야 만날 수 있다

보따리 보따리 흰머리 아낙들
귀퉁이에 알곡 뭉치 말린 산나물로 채운 전시장

한 전설을 일깨우는 듯
뻥튀기 아저씨 신나게 기계를 돌린다

한 겨울 녹이는 순대국밥집 김이 모락모락
줄을 늘어선 옛날 호떡집에 열기 뜨겁다

쌀집 어물전 옷가게 풍성하게 늘어서
작은 한 세상 많은 사연이 질펀하다

한 줌 햇빛도 서러운 저녁놀 비켜가는 장터
한도 많고 흥정도 신명 나는 장터에
저녁이 늦도록 취해 붉게 빛난다

김인녀

겨울 아침

굴뚝에 하얀 연기
깃발처럼 오르는 겨울 아침
안방에 아기 인형들이
엄마와 아침 옹알이한다

처마에 매달린 고드름
동녘 햇살에 빛나고
골짜기 하얀 구름 너울이 춤춘다

먼 길 가는 나그네
하얀 입김을 뿜으며
바쁜 하루 서둘러 재촉 걷는다

빈 가지에 새 한 마리
창공으로 솟아오를 바로 그때
나는 잊은 옛 고향을 떠올린다

겨울 한기

세월이 꿈같이 갔다고
나이를 셀 사이도 없이 늘었다고
한숨짓지 않아도 몸이 먼저 안다

삼단 같던 머리카락 은실같이 날리고
복사꽃 같던 볼은 움푹 파이고
세월을 말하는지 마디마디 비명이다

무릎은 찬바람 쌩 지나고
눈은 안개에 가리어 헤매는데
느느니 뱃살 반갑지 않다

한겨울에 엄습하는 허기가
목까지 차와도 찾는 것은
양지에 한 줌 햇살뿐이다

김인녀

겨울의 울림

사랑으로 오리라던 그대
하얀 꽃잎으로 오리라던 그대
찬바람 등에 업고 그대는 슬그머니
옷깃 속으로 기어든다

맑은 하늘에 청명한 북극 전령되어
티끌 세상을 하얗게 덥기도 하고
산사람들을 높은 산기슭에 가두기도 하며
희희낙락 계절을 탐닉한다

그대 차가운 입김은
두렵고 움츠러들게 위협을 가해
병마의 검은손을 날뛰게 하고
허약한 이들은 두려움에 떨게 한다

세찬 바람은 허한 산울림으로
싸늘한 고독의 메아리 되어
흰 눈 날리며 나무를 흔들고
봄을 기다리는 절절한 소망은
깊은 잠에 빠져있다

부모는 정원사

산다는 것은 끊임없이
주변을 돌아보고 부지런히
갈고닦아 자신을 다듬는 것

정원의 나무도
새순부터 정성 들여
물주고 가꾸어 꽃 피우 듯

부모는 애들을 돌보며
정신적 인격을 잘 조각하여
참교육으로 다듬어 가야지
튼실한 열매를 볼 수가 있다

향기로운 꽃을 피우는
부모는 헌신적인 정원사다

김인녀

대나무

한겨울의 삭풍도 품어
봄날을 기약한다
모두 빛바래는 숲속에
홀로 청청 흰 눈으로 섰다
참새도 숨어들어
추위 피해 쉬고 가는 푸른 대숲
사시사철 푸르른 절개
우리에게 주는 큰 교훈의 그대
속은 비어도 단단하고
여름에는 합죽선으로
더위를 쫓아주어
시원히 쉬게 해주고
바구니 돗자리 가방
생활에 필수적이고
우리 속에 깊숙이 자리한 그대
사랑합니다

주전자의 추억

겨울이면 생각나는
주전자의 하얀 입김이
언 가슴을 녹인다

한겨울 언몸으로 집에 가면
주전자에 맹물 팔팔 끓여
비싼 보약보다 더 비싼 그 한 모금의 물

주전자는 항상 거기에 있었고
물 끓으면 퐁퐁 오르는 서린 김은
엄마 품속같이 포근하다

가난했던 그 시절에는
따끈한 그 물 한 잔이
내게는 간식이고 보약이었다

김인녀

다양한 대상을 향한 사랑의 변주

― 김인녀 시집 『마중물』

문학박사 김영미

다양한 대상을 향한 사랑의 변주
- 김인녀 시집 『마중물』

문학박사 김영미

1. 작가 소개

 김인녀 시인의 시 세계를 감상하기에 앞서, 시인이 살아온 삶의 과정을 잠시 살펴보고자 한다. 이는 김시인의 입장에서 시를 좀 더 공감하고, 이해하고자 하는 의미에서다.
 김인녀 시인은 평안남도 덕천에서 3남 3녀 중 다섯째로 태어났다. 김시인 위로 두 언니와 두 오빠가 있고, 딸로는 막내인 셈이다. 당시 김시인의 집은 대 지주였는데, 8.15 해방을 맞으면서 남북이 나누어지게 되었다. 다 아는 바와 같이 북한은 사회주의 체제였기 때문에 김시인의 집은 재산을 몰수당하고 봉산탈춤으로 유명한 봉산 탄광촌으로 쫓겨나게 되었다. 김시인의 가족은 봉산탄광에서 일하면서 근근이 생활을 유지한다. 이때에 사리원 여고에 다니는 맏언니가 반체제 운동을 하다가 주동자로 잡혀간 후 소식이 끊어졌다. 그런 와중에 6.25 전쟁이 일어난다. 전쟁이 발발하자 큰 오빠는 인민군으로 차출되어 끌려간 후 소식이 없었다.

김시인의 가족은 북한의 체제에서는 도저히 살 수 없다는 판단 하에, 1.4 후퇴 때에 월남하여 전북 이리(지금의 익산)에서 정착하게 되었다. 당시 이리로 내려온 월남민들에게는 이리 역 부근에 있는, 일본인이 살다 버리고 간 건물에 방 한 칸씩을 배정해 주었다. 김 시인의 가족은 남쪽에 내려와서 사업밑천으로 쓰려고 숨겨온 금붙이를 모두 도둑맞게 된다. 그 때에 김시인의 나이는 11세였다. 김시인의 가족이 이리라는 낯선 지역에서 맨몸으로 살아남기 위해서 얼마나 고생을 했는지는 가히 짐작할 만하다. 먹는 날보다 굶는 날이 더 많았음에도, 김시인의 부모님은 '배워야 산다'는 일념하에 자식들을 학교에 보냈다. 김시인은 장학금을 타지 않으면 학교를 다닐 수 없는 형편이라는 것을 알고 있던 터라, 공부에 전념하여 항상 1등을 놓치지 않았었다. 가난했기 때문에 온갖 고생을 하며 수도여자사범대학에 입학하였다. 대학에 들어가서는 졸업할 때까지 가정교사 생활을 하였다. 가정교사 생활을 하면서 힘들게 모은 돈을 사기당하는 경험을 치르면서 사회가 만만치 않다는 것도 배웠다. 김시인이 대학 졸업을 할 즈음부터는 부모님의 생활 여건도 조금씩 나아졌다. 김시인은 학교 조교생활을 하면서 공무원 남편을 만나게 된다. 그 당시에 보통의 여성들은, 결혼 후에는 직장을 그만두고 가정에서 전업 주부 생활을 하는 경우가 대

부분이었다.

그런데 김시인은 자식 둘을 훌륭하게 키우면서, 체신부 공무원 3년, 미국계 회사 입사 11년, 독일계 회사 입사 8년 등 꾸준하고 성실하게 사회생활을 하였다. 성실하고 부지런함을 인정받은 김시인은 독일계 회사를 아무런 조건 없이 물려받아 CEO가 된다.

76세에 남편과 사별한 김시인은 3년 동안 혼자 시(詩)습작을 하다가, 시창작반에 들어가 2년 동안 시 공부를 한 다음 등단을 하고, 왕성하게 창작 활동을 하면서 기성세대들에게 귀감이 되고 있다. 김인녀 시인에게서 풍기는 다정함과 따뜻함 그리고 고매한 인격은 교육열이 높은 훌륭한 부모님과, 어린 시절 장학금을 받기 위해 1등을 놓치지 않았던 성실함과 부지런함 때문이 아닌가 싶다.

세 번째 시집에 이어 네 번째 시집까지, 자기 발전을 위해 끊임없이 좋은 글을 쓰려고 노력하는 김시인의 작품세계는 어떠한 특징이 있는지 살펴보도록 하겠다.

2. 다양한 대상을 향한 사랑의 변주

김인녀 시인의 네 번째 시집에서 가장 선명하게 나타난 것은 사랑의 감정이다. 그녀의 시 대부분에서 우리는 '사랑'이나 '그대'라는 시어를 어렵지 않게 만난다. 그가 사랑의 감정에 집착하고 있는 이유는 무엇일까? 우리 인간에게는 무의식의 저변에 사랑의 감정이 놓여 있기 때문이다. 김시인은 이 사랑의 감정을 차분하고 진솔하게, 격을 떨어뜨리지 않으며 누에고치에서 실을 풀어내듯 언어로 풀어내고 있다.

 한용운 시인은 그의 시집 『님의 침묵』 서문 「군말」에서 '님만 님이 아니라 긔룬 것은 다 님'이라고 했다. 김인녀 시인 역시 님만이 님이 아니라 그리운 것은 다 사랑하는 님으로 보고 있는 듯하다. 김시인의 님은 기다리던 봄이 되기도 하고, 꽃이 되기도 하고, 달빛이 되기도 하고, 또 사랑하는 님이 되기도 한다.

찬란하던 꿈이 홍수처럼
사랑의 노래 되어
내 마음 벽을 핥고

떠나는 님의 뒷모습
벌써 떠나야 하는
기약 없는 이별에 애가 탄다

짧은 만개의 기쁨
드센 바람 긴 아픔
찬비에 시린 가슴 부여안고

가늠할 수 없는 긴긴 밤을
두려움에 떨며
차가운 눈물을 삼킨다

속절없이 가버린 그대
애달픈 메아리만
빈 하늘에 가득 추억이 애달프다.

「꽃비」 전문

 위의 작품을 보면, 벚꽃이 찬란하게 피어 홍수처럼 꽃물결을 이루어 사랑의 노래가 되었다. 그런데 차가운 비바람이 불어 꽃잎이 비처럼 우수수 떨어져, 갑자기 꽃이 저버린 아쉬움을 노래한 것이다. 이 같은 상황을 시적 화자는 "떠나는 님의 뒷모습"으로 보고 있다. 그리고 기약 없는 이별에 애가 탄다고 하였다. "짧은 만개의 기쁨"을 채 누리기도 전에 "드센 바람" 때문에 "긴 아픔"을 겪는 시적 화자는 "시린 가슴 부여안고" "긴긴 밤을" "차가운 눈물을 삼킨다"고 하였다. 꽃이 저버린 상황을 마치 사랑하는 님을 갑자기 잃어버린 듯이 표현하여 미적 긴장감을 고조시키면서 시적 화자의 애달픈 마음을 드러내고 있다.
 이처럼 김시인은 대상에 대해 연민의 정, 바꾸어 말하면 온정을 담고 바라보고 있다. 점점 각

김영미

박해져 가는 세정을 생각하면 다시금 강조하고 주목해야 하는 감정이 이 온정'이 아닌가 한다. 온정이란 것은 따지고 보면 그 대상이 되는 것에 대한 사랑이요, 나 자신의 넉넉함이기에 사랑의 추구가 인간다움으로 연결이 되는 것이다. 우리 자신이 비정하고 대상에 대한 궁휼의 마음이 없다면 결코 사랑의 감정이란 것은 생길 수 없다. 그런 점에서 사랑의 감정을 김시인의 시 전편에 자주 토로하고 있는데, 이 작업을 소중하게 지켜보아야 할 것 같다.

날 위해 당신이 만들어준
오랫동안 잊고 있었던
추억의 크리스마스 트리
거실 한 켠에 수줍게 서서
빨강 노랑 색색 등켜고
곱게 곁눈질하며 웃는다
메리 크리스마스 낯익은 목소리로
송가를 부르며 다가온다
중간에 색색의 드럼들 장단 맞추고
트럼펫 색소폰 금빛 종소리도 화음을 넣고
가지마다 내려앉은 목화솜 흰 눈이
다소곳이 수줍은 듯 미소 짓고
은빛 금빛 찬란한 천사의 노랫소리
하늘에서 축복의 인사말이 쏟아져 내린다

당신이 보낸 크리스마스 파티
가슴이 벅차고 내 눈물 보석처럼
백색전구 반짝반짝 찬미 노래는 끝이 없다
뒤쪽에 크리스마스 빨강 양말 속에
선물 행복을 부른다
뒤이어 크리스마스 캐럴이 울려 퍼져
내 가슴 속에 강물 되어 흐른다
'행복한 메리 크리스마스 되겠네
내 마음속 당신을 떠올리니까'

「크리스마스 트리」 전문

 위의 작품은 크리스마스 시즌을 맞이하여 김시인이 사별한 님(남편)과의 추억을 떠올리고 있다. 과거에 사랑하는 님과 함께 정답게 보냈던 추억을 소환하여 이미지화 하고 있는 것이다. 사랑하는 님을 떠올리기만 해도 시적 화자는 행복하다. 우리는 흔히 기억은 잘해도, 추억을 하는 경우는 드물다. 기억이 단순한 과거로의 회귀라면, 추억은 나를 동반한 과거 속으로의 회귀이다. 추억은 나를 돌아봄이며, 그를 통해 지금에 나의 정체성을 찾는 두뇌의 활동이다. 추억함으로써 나의 존재는 풍요로워진다. 그러므로 우리는 가능한 한 추억 속에 빠져야 한다. 그 추억이란 몽상 속에서 가능하다. 이 시는 독자들을 몽상 속으로 이끈다는 점에서 매력적이다. 즉 시적

김영미

화자의 세계로의 참여이다. 또한 몽상 속에는 무한한 휴식과 편안함이 있다.

앞에서 언급했듯이 김시인의 사랑에 대한 대상은 다양하게 나타나고 있다. 그 대상은 「5월에 부쳐」「개울가에서」「겨울의 울림」「기다리는 봄」「꽃바람」「바람의 길」 등 기다리던 계절이 되기도 하고, 꽃이 되기도 하고, 바람이 되기도 하고, 또 사랑하는 님이 되기도 한다. 김시인의 사랑의 감정은 육체적인 것이 아니라 세속적인 모습과는 거리가 있다. 김시인이 사랑한다는 것은 온전히 관념적임과 동시에, 자기 자신에게 충실하고 싶다는 것에 다름 아니기 때문이다.

3. 역동적 에너지로서의 봄 예찬

김인녀 시인의 시에서 나타나는 다른 하나의 특징은 사계절 중 봄에 관한 시가 가장 많다. 김시인의 내면에는 속삭임, 희망, 따뜻함, 꽃, 활기참, 찬란함 등 역동적인 에너지가 잠재되어 있는데, 이러한 요소들이 봄이라는 계절을 통해 촉발되는 느낌을 받는다. 김시인은 이 역동적인 에너지들을 자신만의 독특한 발상과 개성을 통해 형상화함으로써 봄에 대한 주관적이고 개성적인 인식을 드러내고 있다.

〈전략〉
노고지리 보리밭 위 솟고
봄입김 무르익을 무렵에
연초록 벨벳 새순은 힘찬 숨결을 뿜는다

잔솔 우거진 산언덕에
연분홍 매화꽃이 향기를 뱉어내고
봄 신명은 불꽃처럼 하늘 가득 채운다

「봄 폭죽」 부분

따뜻한 그대 숨결
잠자는 내 볼을 간지르고
부드러운 그대 숨소리
고요 속 내 귀에 속삭인다

바람 타고 날아온 그대
가슴을 두드리고
잔잔한 호수에
물수제비 뜬다

찰랑찰랑 잔물결 일고
햇빛에 반짝반짝
온 세상이 빛나고
행복으로 부푼다

김영미

타는 눈동자
뜨거운 정열 이글거리고
사뿐히 내 어깨를 토닥이고
끌어안는다

마음속에 스며들어
뛰는 내 심장
하늘 가득 지금 터질 듯
가슴 속에 나비가 수만 마리
날아오른다

「꽃바람」 전문

 봄을 맞이하는 즐거움이 주된 내용을 이루는 이 시들은 활력을 주는 역동적인 에너지로서 봄을 노래하고 있다. 김인녀 시인에게 있어 봄은 "연초록 벨벳 새순이" "힘찬 숨결을" 내뿜는 봄이요, 폭죽이 터지듯이 봄 신명이 "불꽃처럼 하늘"을 가득 채우는 봄이다. 봄의 따뜻한 숨결은 볼을 간지르고, 봄의 숨소리는 화자의 귓가에서 속삭이기도 한다. 그리고 봄의 따사로운 햇살이 사뿐히 어깨를 토닥이고, 마음속에도 스며들어 심장이 터질 듯이 가슴 속에서 수만 마리의 나비가 날아오르기도 한다.
 봄을 이처럼 멋지게 노래하는 시인이 과연 얼마나 될까? 아마도 이렇게 역동적으로 노래하는 시인은 김시인 뿐인 것 같다. 마치 새싹이 솟아나는 봄의 정경이 그려지면서 봄의 환희는 점차 고조되어감을 알 수 있다. 이러한 봄의 생명력과 즐거움은 독자와 시적 화자의 마음에 오고가는 교감의 상호작용이 된다. 이는 하늘의 노고지리와 부드러운 새순, 따사로운 햇살, 반짝반짝 빛나는 세상 등 봄기운이 퍼져나가 봄을 맞는 감격이 무르익는, 그야말로 봄이 주는 감각인 봄 신명을 노래하고 있다.

 시라는 것이 언어와 이미지를 중심으로 이루어진다고 볼 때 이 같은 표현이 실제로 시를 시답게 하는 것이다. 김시인은 봄에 대한 역동적인 이미지를 독자들로 하여금 시각적으로 받아들일 수 있도록 한다.

 "시인은 그의 시적 대상을 개성에 따라 다룬다. 그러므로 그의 내면이 아무리 어떤 상황이나 운명 등과 복잡하게 얽혀 있다 하더라도 시인이 이런 소재를 표현함에 있어서 주장하는 것은 오직 그의 감정과 성찰이 가지는 그의 고유하고 독립적인 생명성일 뿐이다." 필자가 헤겔의 이 말을 떠올리는 것은 김시인이 철저하게 자기 나름으로 사물을 인식하고 노래한 시인이기 때문이다. 물론 여기서 '자기 나름으로'라는 것은 시인 개인의 주관적인 것만을 의미하지는 않는다. 적어도 어느 정도 독자의 공감대를 형성한다는 것을 전제로 한다.

김영미

4. 반복의 의장(意匠)

 김인녀 시인의 시에서 눈에 띄는 또 하나의 특징은 반복의 의장(意匠)이다. 같은 단어의 반복, 구절의 반복, 행의 반복 등 여러 형태의 반복이 이루어지고 있다. 일반적으로 반복의 효과는 시적 동일성을 기하면서 시에 내재된 정서를 고양시키고 반복되는 부분의 내용을 강조하는 데에 있다. 일종의 주문(呪文)의 효과를 보는 것이 반복이다. 그러기에 고대 시가부터 반복의 의장은 끊임없이 행해져 왔다. 「구지가」나 「공무도하가」가 이를 잘 반영해 준다. 김인녀 시인의 여러 편의 시에 나타난 반복도 이 같은 효과를 지닌다. 김시인의 시가 시다움을 지니는 요인을 한마디로 말하라고 할 때 균형미와 완결미라고 답할 수 있는데, 이들의 형성에는 이 반복도 한 몫을 차지한다. 실제 시인의 무결함을 추구하는 성격이 시에서 이 같은 반복의 의장을 지향케 했는지 모른다. 반복은 리듬감을 부여하면서 동시에 작가가 전달하고자 하는 메시지를 함축적으로 혹은 집약적으로 전달하는 효과를 지닌다.

웃으면 기분이 좋아지고
웃으면 소화 잘 되고
웃으면 머리도 맑아져

근심이 도망간다

　　　　　　　　　　「웃으면」 부분

당신이 나를 부르는 곳에
나는 언제나 그곳에 있네

당신이 나를 생각할 때에
나는 언제나 당신 머릿속에 있네

당신이 나를 보고 싶어할 때
나는 언제나 당신 눈 속에 있네

당신이 나를 그리워할 때
나는 언제나 당신 심장 속에 있네

당신과 나는 항상 함께 있는
당신과 나는 영원한 하나

　　　　　　　　　　「우리는 하나」 전문

나는 혼자 아침을 먹는다
나는 혼자 커피를 마신다
나는 혼자 티비를 본다

　　　　　　　　　　　　　　　　　김영미

나는 혼자 슈퍼에 간다
나는 혼자 점심을 먹는다
나는 혼자 책을 본다

나는 혼자 산책을 한다
나는 혼자 저녁을 먹는다
나는 혼자 침대에 든다

그대 항상 내 가슴 속에 있어
나는 혼자서도 잘할 수 있으니
나는 혼자가 아니다

「나는 혼자가 아니다」 전문

 위의 작품들에서 보는 바와 같이 같은 단어의 반복 또는 구절을 동일하게 반복함으로써, 화자가 전달하고자 하는 사상을 모아주어 독자를 화자의 세계로 끌어들이고 있다. "웃으면 기분이 좋아지고/ 웃으면 소화 잘 되고/ 웃으면 머리도 맑아져/근심이 도망간다."이 같은 내용은 누구나 알고 있으면서도 실천을 하지 않는다. 화자는 '웃으면'을 반복하여 감정을 환기하면서 전달하고자 하는 메시지를 강조하고 있다.
 「우리는 하나」에서는 두 구절을 주기적으로 반복하여 하나의 패턴처럼 되풀이하면서 질서감이 형성되고 있다. 그러한 패턴은 작품에 통일된 느낌을 준다. 그리고 되풀이하여 형성되는 연속적인 느낌은 작품에 리듬감을 더한다. 그러면서 사랑하는 님과 화자와의 영원한 사랑, 즉 영원이라는 표현에 힘을 주는 효과를 발휘하고 있다.

「나는 혼자가 아니다」에서는 행마다 "나는 혼자" 다음에 변주를 가하면서 반복하여 마치 주문(呪文)을 외는 것 같아 주술처럼 느껴지기도 한다. 김시인에게 있어 반복의 의장은 자신만의 율격적인 개성을 드러내게 한다. 그리고 외로움의 정조(情調)를, 반복을 통하여 긍정 에너지로 활용하고 있는 것 같다. 이 같은 작품은 「그대는 나의 생명」 「사랑하는 아들딸아」 「빗방울」 「네가 있어」 「그때 그 시절」 등에서도 잘 나타나고 있다.

김시인이 반복의 의장을 활용할 때 좀 더 신경 써야할 부분은, 의미 없는 행의 중첩이라든지 단순한 단어나 구절의 나열은 경계해야 할 것이다. 이는 시적 긴장감만을 이완시킬 뿐 의미의 심층화는 기대할 수가 없기 때문이다. 다시 말해 반복이 제대로의 구실을 못할 때 그 시는 작위적이라는 인상만을 줄 수가 있다.

김영미

5. 맺는말

 이상으로 김인녀 시인의 의식의 지향을, 다양한 대상을 향한 사랑의 변주, 역동적 에너지로서의 봄 예찬, 반복의 의장(意匠) 이렇게 세 가지로 살펴보았다. 대상을 향한 사랑의 변주는 역동적 에너지로서의 봄 예찬 시들에서도 보이고, 반복의 의장에서도 보여서, 결국 김인녀 시인은 시를 씀에 있어서 다양한 대상을 향한 사랑의 변주를 시 전편에 깔면서 독자들에게 밝은 에너지를 주고 있다.
 김시인은 노년을 시 창작에 열중하면서, 자신의 시가 독자들의 가슴에 와 닿고 삶 속에서 되살아나 치유가 이루어지고 힘이 되어주며 소망이 되어주는 시들이기를 바라고 있다. 이 같은 김시인의 생각은 시인이 자기만족에 머무르지 않고 소명의식을 갖겠다는 것이므로 이전보다 더욱 원숙하고 깊이 있는 시적 표현에 주력할 것으로 기대가 된다.

수명이 길어지고 있는 요즈음
은퇴하고도 긴 세월을 살아내야 한다

산다는 것은 생산적인 사고의 활동이요
삶의 질을 좋게 하여 행복 지수를 올리는 거다

이런 시점에 나의 첫 시집이
주위의 지인 이웃들이 놀라는 듯하다

시를 쓴다는 것은 깊은 사고
살아 있는 문장에 노력이 입혀지는 거다

삶의 의욕을 잃어가는 많은 이들에게
미흡하지만 마중물이 되었으면 좋겠다

「마중물」 전문

　김시인은 "은퇴하고도 긴 세월을 살아야" 하는 독자들에게, "사고의 활동"을 하여 "삶의 질을 좋게 하고" "행복 지수를 올리"게 하는 것을 목표로 삼고 있다. "삶의 의욕을 잃어가는 많은 이들에게" 마중물이 되어 독자들이 꿈과 희망에 도전할 수 있는 용기를 내도록 하는 것이다.
　몇 년 전 98세에 『약해지지 마』라는 시집을 내어 화제가 되었던 일본의 시바타 도요 시인도 일상의 소중함을 밝은 감성으로 그려내어 많은 독자의 갈채를 받은 바 있다. 김시인도 삶에 대한 열정으로 성실하고 아름다운 삶의 방식을 온몸으로 가르쳐주고 있다. 누구에게나 똑같은 인생이지만, 보다 더 값지고 보다 더 아름다운 인생길에 서 있는 김시인의 다섯 번째 시집이 기대된다.

김영미

창작동네 시인선 131

꽃바람

인　쇄 : 초판인쇄 2021년 07월 25일
지은이 : 김인녀
펴낸이 : 윤기영
편집장 : 정설연
펴낸곳 : 노트북 출판사
등　록 : 제 305-2012-000048호
본　사 : 서울시 동대문구 사가정로 256-4호 나동B101
전　화 : 070-8887-8233 팩시밀리 02-844-5756
　HP　: 010-8263-8233
이메일 : hdpoem55@hanmail.net

2021.07_꽃바람 김인녀 제4집

정 가 : 10,000원

ISBN : 979-11-88856-32-9-03810

*저자와의 협의로 인지는 생략합니다.
*잘못된 책은 교환해 드립니다.